MW01171153

1

MI CAMINAR CON LOS ÁNGELES

"MIS ÁNGELES MI GUÍA"

LILIANA AGUILAR

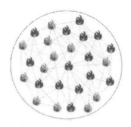

Editorial - EPAEV - Publishing

TITULO: MI CAMINAR CON LOS ÁNGELES

"MIS ÁNGELES, MI GUÍA"

Liliana Aguilar

Facebook: Escuela Serafines

Instagram: Escuela Serafines

WhatsApp: Escuela Serafines

YouTube: Escuela Serafines

Email: escuelaserafines@gmail.com

Facebook: Editorial - EPAEV - Publishing

Email: editorialepaevpublishing@gmail.com

Diseño de la portada por Nora Idalid Rosero Rivas

Publicado por Editorial - EPAEV - Publishing

Impreso en todo el mundo, 2024

Editado, corregido, maquetado, revisado por Federico Valencic Kratnar, Nora Idalid Rosero Rivas y el equipo de la Editorial.

MI CAMINAR CON LOS ÁNGELES

"MIS ÁNGELES MI GUÍA"

LILIANA AGUILAR

DEDICATORIA

Le dedico mi libro a Dios, porque es el que me sostiene, me acompañó, me acompaña y me seguirá acompañando siempre y por supuesto el que siempre está a mi lado.

Le dedico este libro a mi amada madre Maria Haydeé Romero que fue mi ángel durante toda mi vida y lo sigue siendo. Dedicó su vida a cuidarme y protegerme dejando de lado su propia vida con sus deseos.

AGRADECIMIENTOS ESPECIALES

Agradezco a Dios que siempre me ha puesto en el camino a mentores espirituales, libros, videos, cursos, sueños y visiones para mantenerme conectada con la maravillosa comunidad de ángeles.

Agradezco a la Escuela Practicando la Autoridad y Estilo de Vida, de Fede & Nora Valencic dónde tuve la oportunidad de reconectar con los ángeles por una charla que dio la mamá de Fede, Adriana Kratnar.

Agradezco a la Editorial - EPAEV - Publishing, por la oportunidad que me da para hacer realidad un sueño de Dios que había en mi corazón y de esta manera bendecir a mucha gente.

ÍNDICE

PRÓLOGO

Yo quiero contarles que lo que van a leer, son historias de hechos de la vida real, vivencias que tuve a través de mis años que no son pocos. Hoy las plasmo en este libro, no solo para que sea una lectura más, sino para que sirva para ayudar a muchas personas y para que lo use de forma personal y para quien le llegase estas tremendas historias.

A mi me ha cambiado la vida, desde que camino con los ángeles y arcángeles como un estilo de vida, he podido experimentar de primera mano el obrar milagroso de ellos sobre situaciones desde muy complicadas hasta muy sencillas y ver sobre cientos de personas de todas las partes del mundo que acudieron a mi, para que las guíe y acompañe con los ángeles en sus situaciones.

¡Esto no es para algunos, esto es para todo el que quiera vivirlo y experimentarlo en carne propia!

También quiero decir, que se tome como ejemplo el hecho de que no hay un tiempo para escribir o para cumplir proyectos, no importa la edad o circunstancia o la economía, porque todos, si nos lo proponemos, podemos y sabiendo que el tiempo es perfecto para Dios y el acompañamiento de los ángeles.

Liliana Aguilar

PRIMERA PARTE

INTRODUCCIÓN

LOS ÁNGELES ALLANANDO EL CAMINO

Muchas veces soñé con escribir un libro sobre mi vida y que ese libro llegara al cine, porque siempre he sentido que, más allá de los problemas que pueda haber tenido, mi vida ha sido fácil. Dios me bendijo con unos padres maravillosos que siempre me apoyaron, y nunca me costó encontrar trabajo, simplemente todo parecía fluir con facilidad. A lo largo de mi vida, he tenido la bendición de contar con el apoyo de mi madre, quien ha cuidado de mis hijos para que yo pudiera salir a trabajar, y de mi marido, que siempre estuvo dispuesto a trabajar en casa. Todo esto me ha permitido llevar una vida con pocas complicaciones, como se dice, "sin tanto peso en la vida".

Al reflexionar sobre todo esto, me doy cuenta de que siento que los ángeles han allanado mi camino. Pienso que, incluso en mi familia, Dios ha bendecido a cada uno de mis hijos y nietos. Ellos son trabajadores, buenas personas, buenos padres y buenos hijos. Me siento profundamente agradecida por todo lo que tengo y por la vida que he vivido.

Es como si, de alguna manera, todo estuviera guiado por una mano invisible que me ha llevado por el mejor camino. Estoy agradecida por cada bendición, por cada momento de paz y por cada ser querido que ha formado parte de mi vida.

MI CAMINAR

CON LOS

ÁNGELES

SEGUNDA PARTE

Capítulo

1

ALGUNAS DE MIS EXPERIENCIAS CON LOS ÁNGELES

Como conté en mi agradecimiento, mi abuela Aurora del Pilar Romero que teniendo yo apenas 3 años de edad me enseñó a rezar y me regaló un cuadro de los ángeles y a través de él empecé a verlos e interactuar con la comunidad de ángeles.

Lo que yo tengo presente, es que yo solía salir a jugar al patio de mi casa que era muy grande y jugaba con los ángeles que eran varios. Recordando a uno de ellos que era del cuadro, bueno, en diferentes ocasiones cuando salía a jugar yo era consciente que ese ángel iba conmigo.

Y una de las cosas de chica cuando tenía 5 años, era que me gustaba leer y escribir. En una ocasión cuando estaba en el jardín, me habían tomado una evaluación para pasar a primer grado, osea, mientras yo hacia esa evaluación yo tenía la presencia del ángel al lado mío en la cual me ayudó y aprobé. Esas cosas que yo me acuerdo patente y luego tuve otras experiencias con los ángeles un poco de más grande.

Por ejemplo a los 8 años de edad, estábamos en la provincia de Córdoba, paseando, cuando un señor en una moto me quiso secuestrar, yo estaba sola y lejos de mi casa, y de la nada aparecieron mis papás, yo creo que mi ángel los incomodó para que llegara a no cometerse el hecho.

No sé qué pasó en mi vida, pero hasta el día de hoy he estado conectada y desconectada con los ángeles. Sin embargo, cuando tenía 12 años, comencé la escuela secundaria y estuve rodeada de chicos mayores. Fue en ese momento cuando empecé a investigar sobre los ángeles y me di cuenta de que lo que yo vivía no era fantasía, sino que era real. Me di cuenta de que podía pedirles cosas y recibir respuestas.

Tengo una historia, bueno, tengo varias, y una de ellas ocurrió en una ocasión en la que me dirigía a mi casa en un día frío. En el camino, me encontré con el novio de una vecina, quien amablemente se ofreció a llevarme. Sin embargo, en lugar de llevarme directamente a mi casa, comenzó a desviarse hacia un lugar descampado. En ese momento, me di cuenta de sus intenciones y supe que quería abusar de mí. Desesperada, pedí ayuda a los ángeles, rogando que intervinieran. De repente, fue una cosa de la nada, yo estaba en la provincia de la Rioja, los que saben, ahí no hay nada y de la nada aparecieron cinco hombres a caballo. Cuando se acercaron, les pedí ayuda. Aunque me dijeron que no podían llevarme a mi casa, uno de ellos le dio una orden al chico que intentaba abusar de mí, diciéndole que él debía llevarme de regreso a mi hogar. Sorprendentemente, el chico obedeció la orden y me llevó a mi casa sin hacerme daño. Agradezco profundamente esa intervención divina, porque sentí que los ángeles me protegieron en un momento de gran peligro. Nunca olvidaré esa experiencia, que me reafirma que, incluso en los momentos más oscuros, siempre podemos encontrar ayuda cuando más la necesitamos.

¿A cuántos no les ha pasado que de la nada, los ángeles les salvaron de alguna?

Yo tengo miles y de eso se trata mi libro, yo quiero contar mi vida, mis experiencias y despertarles a que se conecten con ángeles, que investiguen, que caminen con ellos.

Una experiencia que recuerdo claramente es cuando le pedí al Arcángel Miguel que me ayudara a resolver el tema de unos papeles de un auto. Al terminar de hacer mi petición, le dije: "Si me vas a ayudar, dame una señal, ya sea plumas o monedas". Cuando abrí la puerta de mi casa para salir, no solo encontré una señal, ¡sino que encontré tanto la pluma como la moneda justo en la puerta de mi casa! Por cierto, el trámite se resolvió de manera rápida y efectiva.

Seguramente te estarás preguntando cómo le pedí esto al Arcángel Miguel. ¿Quieres que te lo cuente? Bueno, no creas que es difícil estar conectada con los ángeles. Yo lo hice con mis palabras, creyendo que era posible. Lo que dije fue algo así: "Yo, Liliana, te estoy pidiendo a vos, Arcángel Miguel, príncipe de las legiones celestiales, que peleas por nosotros, pelea por mí en esta causa". Luego, mencioné la causa o el problema que quería resolver.

La mayoría de las veces, mi señal no tarda más de dos horas en llegar. Y si a vos te demora más tiempo, no te preocupes, porque la señal llegará. Solo tienes que estar consciente de ello y confiar en que recibirás la ayuda que has pedido.

En una ocasión, cuando salía de viaje en ruta con mi familia en el auto, puse a los ángeles alrededor y de repente se nos venía un camión de frente y vi claramente al Arcángel Miguel que se puso delante de nuestro auto en forma de protección. Mi esposo empezó a maniobrar el auto y pudimos esquivar el camión sin que roce con nosotros.

Algo que practico como parte de mi estilo de vida es rodear mi casa con la protección de los ángeles todos los días. Y te invito a vos también a poner en práctica esta acción, para que puedas experimentar la paz y la protección que los ángeles pueden ofrecerte.

Te puedo contar que una vez unos ladrones entraron en las casas de mis vecinos, habiendo pasado por el techo de mi casa, siendo la misma invisible para ellos y no me robaron nada.

Parece fantasía todo esto, pero es muy real, los ángeles existen. Deberías saber que fueron creados para que nos acompañen, nos cuiden y para que nos ayuden para lo que necesitamos.

Tengo dos experiencias que cada vez que las cuento, me encantan y me impactan profundamente. Estábamos atravesando un momento de crisis con mi marido, y mis hijos aún eran pequeños, justo en plena Nochebuena. Yo pedía a Dios y a los ángeles la posibilidad de tener una mesa dulce y alimentos para mis hijos. De repente, alguien golpeó la puerta. Al salir a atender, vi a un hombre con dos bolsas. Me preguntó por mi esposo, quien se estaba bañando en ese momento, y decidió darme las bolsas a mí, explicando que eran un regalo para mi esposo y nuestra familia, y que él luego vendría a retirar las bolsas vacías. Al mirar dentro de esas bolsas, me sorprendí al ver que estaban llenas de todo: gaseosas, dulces, turrones, mantecol, sidra... toda una mesa navideña para nosotros, ¡y en abundancia! Esas bolsas nunca fueron retiradas, y a ese hombre nunca lo volvimos a ver.

Les animo a creer y a crear vivencias con los ángeles. Esto no ha quedado obsoleto, ya que perdura por los siglos de los siglos, y sigue siendo vigente en el tiempo. Quiero resaltar algo importante: respecto a las señales que les pedimos a los ángeles, muchas veces obtendremos exactamente lo que pedimos. En otras ocasiones, ellos elegirán las señales por nosotros. Solo debemos estar atentos, alertas y conscientes de que siempre están interactuando a nuestro favor.

Una vez teníamos que solucionar un tema de un monto de dinero considerable, en ese momento eran 8.000 pesos argentinos, un montón para esa época. Le pedí al Arcángel Uriel que es el maneja las finanzas y le pedí así: Yo, Liliana te pido Arcángel Uriel que me ayudes con este problema económico, le mencioné el día de pago y el monto a pagar y le agradecí. No habrán pasado ni 5 horas, limpiando los cajones de un armario, encontré en una bolsita que yo había dejado ahí vacía, pero ahora estaban los 8.000 pesos que necesitaba para pagar. Lo que lloré en ese momento es inexplicable, me emocioné mucho y agradecí al Arcángel Uriel por tan rápida respuesta, fue veloz.

Capítulo

2

COMUNIDAD
DE ÁNGELES

No hay una lista definida de los ángeles, pero se cree que se dividen en cinco grupos principales: los Arcángeles, los ángeles guardianes, los serafines, los querubines y los ángeles caídos. Los ángeles, como seres de luz, se asocian con la luz, ya que se les considera buenos, puros y benévolos. También se les vincula con seres que tienen alas, ya que éstas simbolizan libertad. Los ángeles ayudan a las personas necesitadas y protegen a los seres humanos de cualquier daño.

Se les considera mensajeros divinos y tienen diversas formas de transmitir sus mensajes. Una forma eficaz es a través de los sueños y visiones, o a través de una secuencia numérica, escuchar una canción que contenga el mensaje que necesitamos o incluso encontrar símbolos y signos. A veces, el mensaje llega mediante objetos como monedas, plumas, un olor fragante o la percepción de los animales.

Es posible que los ángeles también hablen. Puede ser como escuchar una voz en tu cabeza o sentir una necesidad de hacer algo. Cuando un ángel quiere comunicarse contigo, utiliza todos los medios necesarios para transmitir su mensaje. Solo debes prestar atención a tus pensamientos, sentimientos y experiencias.

Los ángeles también pueden interceder en nuestras vidas de muchas formas. Pueden tomar la apariencia de hombres, mujeres, niños o ancianos, pero también adoptan otras formas, como bolas de luz blanca o de colores. Incluso pueden manifestarse en su forma natural: altos, robustos, hermosos y con alas. Los ángeles en el cielo son los más abundantes y se dividen en dos grupos: los constructores, que controlan todo lo relacionado con el Espíritu, y los custodios, que se ocupan de los seres humanos y de la naturaleza. Sabemos que los ángeles en el cielo tienen una misión asignada.

Los serafines son los ángeles que tienen seis alas y un fuego ardiente en los ojos. Su orden en el cielo es el más alto, y actúan como mensajeros de Dios.

Los querubines se describen con alas y una apariencia de león, y son los encargados de proteger la entrada al Jardín del Edén.

Los arcángeles son considerados los de mayor rango después de los querubines y los serafines, y se asocian con tareas específicas, de las cuales hablaremos más adelante.

Voy a nombrar a todos los ángeles que yo conozco: los ángeles guardianes, quienes son asignados para vigilar y proteger a individuos o grupos específicos.

A menudo, los ángeles son considerados nuestros protectores personales. Los ángeles caídos, por otro lado, son aquellos que fueron expulsados del cielo debido a su rebelión contra Dios, y ahora trabajan en contra de la humanidad, desviándola del camino correcto. Hablamos de Lucifer, Satanás, o como quieras llamarlo.

Los tronos son los ángeles que controlan el orden universal. Se les reconoce por su gran fuerza y justicia. Luchan por la paz y controlan el tiempo y el espacio para asegurarse de que cada cosa ocurra en el momento adecuado.

Los dominios son conocidos por su perspicacia y conocimiento, y tienen la responsabilidad de gobernar a otros ángeles.

Los poderes son ángeles con la capacidad de proteger a las personas de cualquier daño, especialmente de los espíritus malignos.

Por último, los ángeles de la guarda son los que nos acompañan desde el principio hasta el final de nuestras vidas, brindándonos protección y guía a lo largo de nuestro camino.

Capítulo

3

COMO OPERAN LOS ARCÁNGELES

Los Arcángeles son la tercera jerarquía en el cielo, justo después de los Serafines y Querubines. Los Arcángeles son siete, y cada uno posee atributos divinos que los hacen únicos y los caracterizan de manera especial.

Ahora quiero compartir con ustedes un hecho real que me ocurrió a mí. Estaba en casa cuando recibí una llamada telefónica de una amiga, quien me dijo que había enviado a los siete Arcángeles a la puerta de mi casa. En ese momento, estaba con mi esposo y mi hija, así que les pedí que me acompañaran a la puerta para presenciar este acontecimiento. Aunque, por supuesto, ellos no creían en esto, me dijeron: "Si vos lo decís, nosotros te acompañamos".

Cuando abrí la puerta que da a la calle, de inmediato fui consciente de la presencia de los arcángeles. Los vi claramente en la vereda. Entonces, los invité a pasar a la casa y lo dije en voz alta para que mi hija y mi esposo pudieran escuchar. Fue un momento increíble, uno de esos que no se olvidan, y sentí la presencia divina de los arcángeles acompañándome.

Cuando pasamos por el pasillo hasta la cocina, nos sentamos e invité a los Arcángeles para que nos acompañaran en ese momento. Les pregunté a mi esposo e hija si sentían algo, y me respondieron que sí, que habían percibido la presencia de algo que había pasado frente a ellos. Esta hermosa presencia se mantuvo durante tres días seguidos. ¡Wow! Durante esos días, se sentía una paz enorme en la casa, y yo sabía que alguien estaba allí. Incluso les pregunté a mi esposo e hija si sentían lo mismo que yo, y me dijeron que sí.

En uno de esos tres días, les pedí a los arcángeles una confirmación de su presencia. Y me sucedieron dos cosas. La primera fue cuando, en un momento, al pedirles confirmación, sentí un aroma que invadió toda la cocina, un olor tan intenso que fue impresionante. La segunda ocurrió cuando abrí la puerta para salir al patio y, al hacerlo, encontré una moneda en el umbral.

Mis queridos lectores, la presencia de los arcángeles es muchos más que esto, la presencia de ellos, es la presencia de Dios, y cuando ella está en un hogar, todo absolutamente todo, comienza a cambiar para bien, Dios comienza a obrar en los corazones y trabaja en los pensamientos de las personas, en mi caso, yo sabía que mis hijos no andaban en caminos rectos y por su juventud tenían malas companias. Se que los arcángeles empezaron una obra en sus corazones y pensamientos que poco a poco comenzaron a cambiar para bien llevándoles a tomar mejores decisiones. Un hijo mio comenzó a prosperar muchismo económicamente, ahora es un empresario, pero él no se quedó con la gracia que recibió, él la compartió con sus otros hermanos, enseñándoles su oficio para emprender.

Al pasar los tres días, les pedí a mi esposo y a mi hija que me acompañaran a despedir a los arcángeles en la puerta de salida, y ellos accedieron a acompañarme. Abrí la puerta, les di las gracias por haberme visitado y les pedí que fueran a la gente que más necesitara de su presencia. Fue algo maravilloso vivirlo en carne propia. Y les digo más, a todos ustedes que me están leyendo y preguntándose si esto es posible, ¡les digo: esto es posible! Para aquellos que creen en los ángeles, esto es real. Si los honras y hablas de ellos, es una forma de atraerlos, porque ellos saben que te interesan. De hecho, en la Biblia hay un versículo que dice lo siguiente: Hebreos 13:2 "No olvidéis de mostrar hospitalidad, porque por ella algunos, sin saberlo, hospedaron ángeles" y esto es lo que me pasó a mi, pero también si en tu corazón está en honrarlos o recibirlos, ellos podrían hacerte una visita como a mí y darte algún mensaje de Dios, o traerte una confirmación que esperabas, una bendición.

Les voy a mostrar algunas referencias de como los ángeles visitaron a algunos para hacer estas cosas que les digo, por ejemplo en Génesis 18:1-25 dice que el Señor se le apareció a Abraham en el bosque de encinas de Manré, mientras Abraham estaba sentado a la entrada de su tienda de campaña, como a medio día. Abraham levantó la vista y vio que tres hombres estaban de pie frente a él. Al verlos, se levantó rápidamente a recibirlos, se inclinó hasta tocar el suelo con la frente y dijo: Mi Señor, por favor, les suplico que no se vallan en seguida, si a ustedes le parece bien, voy a pedir un poco de agua para que se laven los pies y luego descansen un rato bajo la sombra del árbol. Ya que han pasado por dónde vive este servidor suyo, les voy a traer algo de comer para que repongan sus fuerzas antes de seguir su camino y ellos contestaron, bueno esta bien. Abraham entró a su tienda de campaña y le dijo a Sara su esposa, ¡rápido! Toma unos veinte kilos de la mejor harina y haz unos panes, luego Abraham corrió a donde estaba el ganado, eligió el mejor de los becerros, y se los dio a sus sirvientes, quien lo preparó inmediatamente para la comida. Además del becerro, Abraham les ofreció cuajada y leche, y estuvo atento a servirles a los ángeles mientras ellos comían bajo el árbol. Al terminar de comer, los ángeles le preguntaron a Abraham, ¿Donde está tu esposa Sara? Él contestó, allí en la tienda de campaña, respondió él, entonces uno de los ángeles dijo, el año próximo volveré a visitarte, y para entonces, tu esposa Sara tendrá un hijo.

Dense cuenta de que ahí se menciona que los ángeles se le presentaron en la puerta a Abraham, tal como me sucedió a mí. Estos ángeles eran "ángeles humanos", que comían y descansaban como cualquier ser humano, de la misma manera en que se me aparecieron a mí en Navidad, como conté en capítulos anteriores. Así que, puede que ellos te visiten de forma espiritual o de forma física.

En el caso de Abraham y Sara, los ángeles trajeron consigo una bendición muy especial: un hijo, ya que Sara era estéril.

¡Si están conmigo, sigan leyendo que les voy a contar más!

CARACTERÍSTICAS DE ALGUNOS ARCÁNGELES

Les cuento un poco sobre el arcángel Miguel y él es el príncipe de las legiones celestiales, es el que defiende nuestra luchas y nos da la victoria sobre el mal. Se lo caracteriza por el color azul, se le da un día que es el domingo, cada arcángel tiene un día.

Una experiencia que tuve con Miguel, que tengo presente, es cuando una vez iba caminando por un barrio heavy y era de tarde-noche, cuando me dio miedo ver a unos hombres que caminaban por ese lugar y pintaban algo malo, entonces, invoqué al arcángel Miguel diciéndole con mis palabras que me asistiera y me protegiera haciéndome invisible ante los ojos de los hombres y pasé por ahí y yo sentí que era invisible y esos hombres ni me vieron.

Ahora les cuento sobre el arcángel Uriel, y significa "fuego de Dios", su color es el oro, su día es el viernes, su complemento divino es la gracia, su virtud o poderes son la prosperidad y la abundancia. Es un arcángel que le gusta la música e interpreta las profecías.

Con Uriel la experiencia que tuve, fue cuando estábamos necesitando una cantidad de dinero y no la teníamos y cuando yo me pongo a limpiar y ordenar mi casa, encuentro un sobre que cuando lo abro había dinero y cuando lo cuento era la cantidad que estábamos necesitando. Yo pedí a los arcángeles que ese dinero llegara a nuestras manos de alguna forma y milagrosamente Uriel la puso en un sobre.

En otra ocasión yo había sacado un celular a plazos, pero cuando llegó la primer cuota, yo no tenía el dinero y era bastante. El día anterior que se iba a vencer la boleta para pagar la primer cuota, me apareció en mercado pago, el valor de la cuota a pagar. Encima la tarjeta con la que había sacado el préstamo era prestada y yo tenía que cumplir si o si, así que le pedí al arcángel Uriel que me ayude a cumplir con mis pagos y así comenzó a hacerlo.

Para aquellos que no lo saben, y como testimonio de este tremendo libro que estás leyendo, debo decir que ha tenido un costo muy alto para mí. Durante varios meses, he tenido que pedirle al arcángel Uriel que me envíe la provisión económica, y lo hice durante aproximadamente cuatro meses seguidos. La primera vez, tenía que abonar una cierta cantidad de dinero que, por supuesto, no tenía. Estaba almorzando con mi nuera en un restaurante cuando, de repente, me llegó a mi celular una opción en mercado pago que ofrecía esa cantidad exacta que necesitaba, y me daba la posibilidad de pagarla en cuotas accesibles para mí.

La segunda vez, el arcángel Uriel me guió para sacar una parte de mi sueldo que, en otra ocasión, no habría podido utilizar de esa manera, y la otra parte la cubrí por otro medio. Como pueden ver, el arcángel Uriel me asistió en todo mi proyecto editorial, incluso durante los otros dos meses que me faltaban para completar el pago.

Más allá de pedirle al Arcángel Uriel que nos facilite aquello que necesitamos, él también allana los caminos para que todo sea más fácil. Un ejemplo de esto fue cuando compramos el auto. En ese momento, no teníamos los medios económicos para adquirir un auto de alta gama. Mi marido quería comprar cualquier coche, pero yo le sugerí que esperáramos y que le pidiéramos a los arcángeles que nos proveyeran el dinero que nos hacía falta.

Tardamos tres meses en conseguir ese dinero. Un día, decidí ir a averiguar sobre un préstamo bancario, aunque sabía que tenía altos intereses. Sucedió que, al final, en el banco nos aprobaron el préstamo, y de esa manera pudimos comprar el auto de alta gama que deseábamos.

Les cuento un poco sobre el arcángel Gabriel y su llama es blanca, su día es el miércoles y las virtudes o poderes son la purificación y la protección de las embarazadas como también la comunicación. Él es el mensajero de Dios, también es el jefe de los ángeles de la guarda, es el que nos entrega el ángel de la guarda cuando nacemos, ya que él es el que cuida a las embarazadas desde la concepción. Cuida de los niños y es protector de la parte psíquica, también se dice que él cuida de la primera infancia.

Tuve una experiencia, no directamente, con el arcángel Gabriel, pero pude observar como actuaba por medio de una situación muy triste en mi familia. Una vez, mi nuera estaba embarazada de 8 meses, en una de sus consultas, le realizaron una ecografía de urgencias y detectaron que el bebé estaba sin vida. Entendí que Dios se había llevado al bebé y fui consciente que el arcángel Gabriel estaba allí ya que él es quien instruye las almas para la vida o la muerte durante el embarazo.

Ahora les voy a mencionar sobre el arcángel Rafael, él es el medico del cielo y se presenta como figura humana en la Tierra, si bien se le invoca ante una enfermedad, también es protector de los caminantes y viajeros solitarios y es el arcángel que sana el alma. Su día es el jueves y color es el verde. Sus virtudes y poderes son, la sanación, provee salud y optimismo.

Mi experiencia con el arcángel Rafael fue con mi hijo mayor. Cuando él tenía 8 años de edad, empezó a tener problemas de estómago y gastritis muy fuerte, los dolores de estomago los hacían retorcerse. Le habían hecho todos los estudios pertinentes y no mejoraba, más o menos esto le duró como un año entre estudios y demás cosas. Como madre al ver el dolor y el sufrimiento de mi hijo y la tristeza mía, invoqué a Dios y al arcángel Rafael que como médico del cielo y de la Tierra sanara a mi hijo de esa dolencia y restaurara su salud completamente. Después de esa oración, pasaron dos o tres días y mi hijo me empezó a decir que no le dolía el estomago y que en la escuela había comido golosinas y no le había echo nada. Seguí pidiéndole al arcángel Rafael por su salud y de a poco fue mejorando y hoy en la actualidad siendo un hombre, no tiene ningún tipo de problema del estómago.

Después de contarles estas experiencias, la magia de los ángeles sucede cuando uno cree en ellos, solo basta pedirlo y ellos actúan. Cuando quieras activar su presencia debes pedir su asistencia y protección.

Les contaré ahora acerca del arcángel Chamuel, es el arcángel del amor universal e incondicional. Te ayuda a poder conectar con el amor divino, el amor propio, el amor de los demás, el amor de pareja, etc. Incluso puedes pedirle la bendición e intervención para encontrar objetos perdidos. Su color es el rosa, su día es el martes y su virtud ayuda a sanar rencores y celos. Protege a los enamorados.

Continua el arcángel Jofiel. Lo invocamos para encontrar la paz y la tranquilidad, es el arcángel que enseña en todo los órdenes de la vida que podamos aprender y esta enseñanza es para que podamos entender el plan divino.

Su color es el amarillo, su día es el lunes y las virtudes son la sabiduría, la lucidez mental para tomar decisiones y aperturas de camino.

Y el último y no menos importante es el arcángel Zatiel que es el que busca las peticiones a Dios, de la gente. Es el arcángel de la invocación y de la trasmutación. Libera enfermedades, apremios, temores y limitaciones. Su color es el violeta, su día es el sábado, su virtud es la transmutación, la capacidad para perdonar y cambiar aquello que necesitamos.

CARACTERÍSTICAS QUE DEBEMOS TENER Y SABER PARA INVOCAR A LOS ÁNGELES

Una de las características que debemos tener para invocar a los ángeles es ser positivos, y si no lo somos, ellos no nos asisten. Otra característica es que a los ángeles les gusta la música, la armonía, también la limpieza, el orden. Por eso cuando vamos a invocar su presencia debemos tener estos requisitos y por ejemplo así sentiremos su presencia a través de, por ejemplo a mi me pasa que cuando ellos me tocan el pelo o viste cuando te soplan y el pelo se te mueve, también puede pasar que caiga alguna pluma o que de pronto resuene en tu oído el sonido de alguna música que te gusta, por ejemplo a mi me ha pasado que cuando los invoqué en la puerta, o ventana o en alguna parte de la casa, aparezca un colibrí o un canario.

Otra de las características es cuando hacemos una oración para invocarlos, lo hagamos en voz alta o en tu interior, como más te guste a vos, pero debemos ser específicos en lo que pedimos, porque ellos necesitan que lo que uno pide sea preciso, para que sea efectivo. Por ejemplo, yo soy maestra y si un día les pido a mis estudiantes que hagan una cosa y al rato les doy la orden que hagan otra cosa porque yo no tengo claro lo que hay que hacer, por supuesto que los voy a marear y confundir y puede que pierdan el interés y no hagan ninguna de las dos cosas que les pedí. A los ángeles hay que darles una orden específica y les voy a ilustrar una experiencia que tuve muy linda. Yo tenia que estar a las 8 de la noche en un lugar y estábamos en el coche en medio de la autopista y el avance era a paso de hombre y como vi que no íbamos a llegar, pedí la asistencia y protección de los ángeles para que allanen el camino, cuando de pronto vimos una calle para desviarnos y de forma rápida llegamos a la otra autopista para llegar nuestro destino, pero para nuestra sorpresa estaba colmada de autos, seguí pidiendo lo mismo a los ángeles y como por arte de magia empezamos a avanzar, pudiendo llegar a nuestro destino a las 8pm en punto. Por esto les digo que debemos ser específicos para tener resultados específicos, porque yo conozco personas que se han frustrado por no recibir una respuesta, y talvés no han tenido un mentor cerca para que les enseñe, pero para esto escribí mi libro, para no solo educar con el tema de los ángeles, sino, animarles a llevar esto como un estilo de vida, y les aseguro que tendrán respuestas y sorpresas de los ángeles. Llevo 58 años caminando con ángeles y han sido mi guía en todo y he podido ayudar a cientos de personas a conectar con los ángeles y obtener respuestas específicas.

Les quiero contar una anécdota reciente que tuve con una compañera de trabajo. Ella ya tiene su casa, pero compró un terreno en un lugar tranquilo, y para poder edificar allí, necesita vender su casa actual. Entonces, me pidió ayuda con oraciones y con los ángeles. Le hablé de los ángeles y le expliqué que para que ellos la escuchen, debía abrir su corazón a ellos. Le sugerí que visualizara todo lo que quería en su nueva casa y que pusiera ángeles allí, pidiéndoles de corazón lo que necesitaba. Ella comenzó a seguir mis instrucciones, y en menos de 6 meses ya tenía los papeles municipales y el plano de la nueva casa que quería construir. Un año después, apareció un comprador para su antigua casa, y comenzaron a hacer todos los trámites correspondientes. Aunque, como suele suceder en medio del proceso, siempre hay alguna traba, ella sigue invocando a los ángeles, confiando en su ayudas. Se estima que a más tardar en dos meses empieza a edificar la nueva casa, real.

Otro caso real fue cuando tuve la oportunidad de guiar a una persona de España. Ella estaba pasando por momentos muy difíciles y necesitaba la intervención de los ángeles para resolver varios trámites de manera consecutiva y en un corto plazo. Entonces, la orienté para que pidiera asistencia a los arcángeles. Le recomendé invocar al arcángel Miguel, para que luchara por sus batallas y la ayudara con lo que ella estaba pidiendo; a Zatiel, para que transmutara la situación; y a Gabriel, para que le trajera las buenas nuevas en sus respuestas. Fue así que, al día siguiente, mi amiga Nora me llamó para contarme que los trámites habían sido un éxito, ¡y en tiempo récord!

Tengo una prima que vive sola en su casa, y una tarde-noche, ya tenía toda su casa cerrada por seguridad, cuando empezaron a golpearle la puerta y la ventana, diciéndole cosas groseras para que abriera. En medio de la situación me llamó por teléfono. Traté de tranquilizarla y empezamos a pedir juntas la asistencia y protección de los ángeles y arcángeles. Habrá pasado alrededor de 10 minutos en los que la persona del otro lado seguía empujando y golpeando la puerta. De repente, esa persona se fue. Al día siguiente, cuando volví a contactar con ella para saber cómo estaba, me contó que, mientras estábamos pidiendo protección a los ángeles, vio a dos hombres parados en la parte de atrás de la casa. Ella se dio cuenta de que, después de verlos, la persona que golpeaba la puerta simplemente se fue.

Desde ese momento, mi prima se volvió fiel a los ángeles y adoptó su presencia como parte de su estilo de vida.

La tarea de los ángeles es cuidarnos y ayudarnos. También debemos entender que los ángeles vibran en una frecuencia mucho más elevada, mientras que nosotros vibramos a una frecuencia más lenta. Cuando recibimos mensajes o respuestas de los ángeles, ellos lo hacen a través de diferentes canales: visión, audición o clarisencibilidad (sensación). Para poder recibir sus mensajes, solo necesitamos disponernos a oírlos y escucharlos.

Dios utiliza a los ángeles como un puente de comunicación entre Él y nosotros, para transmitirnos sus mensajes. Es importante saber que podemos contactarnos con ellos en cualquier momento. Solo tenemos que proponernos y desarrollar nuestra capacidad perceptiva, de modo que estemos en la misma sintonía con ellos en todo momento.

Capítulo

6

CÓMO INVOCAR A LOS ÁNGELES

Para invocar a los ángeles, debemos tener en cuenta algunas cosas importantes. En primer lugar, debemos saber que los ángeles son amor y luz. Es fundamental ser positivos y agradecidos al comunicarnos con ellos. Además, debemos entender que los ángeles no prestan atención a las personas que son quejumbrosas, enojonas o negativas, y tienden a alejarse de ellas. Para interactuar con los ángeles, debemos vibrar en la misma sintonía. Esto significa que debemos estar en una frecuencia de paz y armonía, ya que los ángeles fueron creados para estar a nuestro servicio, aunque, como respetan nuestro libre albedrío, no pueden intervenir sin nuestra invitación.

Cuando queremos conectarnos con ellos, no existe una fórmula específica, aunque depende de nosotros invocar su presencia. Un ejemplo de cómo yo invoco a los ángeles y obtengo resultados es el siguiente: cierro mis ojos, respiro profundamente, me concentro y llamo a los ángeles o arcángeles, según lo que necesite pedir. Siempre teniendo presente que la asistencia angelical está disponible para nosotros en todo momento y es siempre efectiva.

Podes hacer lo siguiente para pedir la ayuda de los ángeles:

"Yo (tu nombre completo), pido la asistencia y protección de los ángeles para que me ayuden en esta situación (menciona la situación)."

Repetí esta petición en voz alta, si es posible, tres veces. Luego, haz un silencio para ser consciente de su presencia. Si tenés dudas, no te preocupes, es completamente normal al principio. Yo te entiendo perfectamente, porque una vez que te vuelves consciente de ellos y los percibes de muchas maneras, la próxima vez será más fácil conectar.

Cuando invocamos a los ángeles o arcángeles, debemos hacer un esfuerzo consciente por visualizar o imaginar lo que estamos pidiendo. La clave está en la intención y en estar abiertos a su presencia.

Si deseas seguir creciendo conmigo y con muchos otros estudiantes de todo el mundo, tengo una comunidad en WhatsApp donde enseño y doy talleres tanto online como presenciales sobre cómo caminar con los ángeles y arcángeles como un estilo de vida. Al final de mi libro, encontrarás una sección titulada "Visita mis páginas", donde podrás escanear el código QR y unirte a nuestra comunidad.

Invocamos a los arcángeles sabiendo que cada uno tiene una virtud específica. Por ejemplo, si pido la asistencia del arcángel Miguel, que es el príncipe de las legiones celestiales, le pido que venga en mi ayuda y pelee mis batallas aquí en la Tierra. Yo, personalmente, me visualizo envuelta en un azul radiante, y lo veo luchando por mí. Siento su presencia a mi lado y, al mismo tiempo, doy gracias por su protección y ayuda.

De la misma manera en que invoco al arcángel Miguel, podemos hacer lo mismo con los demás arcángeles, según la necesidad y virtud de cada uno. Cada arcángel tiene su propia especialidad, y podemos pedir su ayuda en áreas específicas de nuestra vida, sabiendo que siempre están dispuestos a intervenir y guiarnos.

Capítulo

7

HISTORIAS VERÍDICAS DE MIS ESTUDIANTES CAMINANDO CON ÁNGELES

Tengo muchísimos testimonios de estudiantes y experiencias reales que ellos han tenido, y no me alcanzaría todo un libro para contarlas. Sin embargo, estaré escribiendo algunas de ellas para que ustedes puedan ser inspirados y, sobre todo, para que crean en los ángeles y arcángeles.

Entre tantas historias que hemos compartido, quiero contarles algunas relacionadas con mis estudiantes de varios países del mundo. Una de ellas es Nora, de nacionalidad colombiana, quien actualmente reside en Croacia, un país de Europa. En una ocasión, mientras ella estaba en Madrid, España, su primera residencia, me pidió ayuda para solucionar un tema de vivienda relacionado con su mamá. Le sugerí que pidiera asistencia y protección a los Arcángeles Miguel, Gabriel y Zatiel. Le expliqué que invocara a Miguel para que peleara sus batallas, a Gabriel para que le trajera las buenas nuevas y la solución al problema, y a Zatiel para que transmutara toda la situación negativa en algo positivo. Nora estaba gestionando la operación de su mamá, pero no tenía un lugar adecuado para la rehabilitación después de la cirugía de rodilla. Ella se comunicó conmigo por la mañana y, para la tarde, ya tenía una respuesta positiva: iban a trasladar a su mamá a otro hospital de rehabilitación en Madrid, con una asistencia completa y gratuita, que duraría dos meses. Parece increíble, pero son cosas reales. Recibieron la asistencia y protección de los ángeles, simplemente por creer en ellos.

En una oportunidad, me encontré con Marcela, una chica que conocía. La recuerdo muy bien, tenía unos 23 años de edad. Nos encontramos de casualidad y me contó que quería comprarse una camioneta. Ella ya tenía dinero ahorrado, pero no alcanzaba para el total. Entonces, le enseñé cómo invocar a los ángeles, pidiéndoles asistencia y protección, especialmente al arcángel Uriel, para que la ayudara a recibir la totalidad del dinero que necesitaba para comprarse la camioneta. A los 20 días, más o menos, Marcela me llamó por teléfono, contándome que su cuñado le había ofrecido prestarle el dinero que faltaba, con la posibilidad de devolverlo en cuotas. Gracias a la intervención de su fe en los ángeles y a la guía que pude brindarle, Marcela pudo comprar su camioneta.

Hubo una familia que fue muy importante en mi vida. Ellos tenían una bebé de 10 meses, que estaba enfermita. Entre otras cosas, no podía asimilar ni tragar ningún tipo de alimento, ni siquiera leche. Pude guiarlos para invocar a los 7 arcángeles, y en ese momento sentí la necesidad de pedir que trajeran un biberón con leche para la bebé. Aunque la madre tenía un poco de incredulidad, me emociona al contarlo, pero esa bebé logró tomarse todo el biberón. Nos quedamos asombrados ante el poder de Dios y cómo los arcángeles obraron a favor de la pequeña. Años más tarde supe que aquella pequeñita creció sana y fuerte, convirtiéndose en una hermosa mujer que logró casarse y formar su propia familia.

Todos aquí pueden ver que la asistencia de los ángeles y arcángeles no solo opera en los adultos, sino en todas las personas, sin importar su edad. Aunque esa mamá tal vez no tenía fe en ese momento, yo pude prestársela para que ella pudiera recibir el milagro para su hijita.

Después de este acontecimiento, la madre comenzó a tener fe en los ángeles. Cada vez que se encontraba con una situación complicada, me llamaba para que la ayudara a invocar a los ángeles y pedirles que trajeran solución a lo que necesitaba.

Quiero contarles un hermoso testimonio de una amiga, aunque no diré su nombre para proteger su identidad. Hace un tiempo, en una charla que tuvimos juntas, me comentó que estaba viviendo una situación de separación con su esposo. Habían llegado al punto de sacarse los anillos y de tomar la decisión de terminar un matrimonio de más de 30 años. Entonces, le enseñé cómo pedir la ayuda de los ángeles y arcángeles para esta situación. Exactamente una semana después, me llamó por teléfono para contarme que su esposo le había pedido hablar sobre las cosas que podían cambiar juntos para salvar el matrimonio. Llegaron a un acuerdo positivo y decidieron seguir adelante, salvando así su relación. Claramente, aquí podemos ver el obrar de los ángeles y arcángeles a favor del matrimonio, y cómo ellos son capaces de hacer razonar a las personas, mostrándoles de alguna manera que estaban equivocadas. De esta forma, el orgullo se disminuye y se da lugar al amor de Dios.

Capítulo

8

LO SOBRENATURAL ATRAE A MI FAMILIA

Mi familia creía en Dios y en los ángeles pero no eran conscientes de las obras de ellos hacia nosotros. Por esto nace este capítulo, para contarles unas de las tantas historias y experiencias con los ángeles.

Un conocido de la familia estaba casado y tenía una hija de 2 años. En ese tiempo, el matrimonio se separó en malos términos y su esposa desapareció con la hija durante un año. Durante ese tiempo, en una reunión familiar, tomaron la decisión de invocar a los ángeles y arcángeles para que intervinieran en esta situación y me pidieron ayuda. Todos apoyaron mi moción y, juntos, oramos a Dios y pedimos la asistencia de los ángeles para este tema. Cada vez que se reunían como familia, me convocaban para que oráramos juntos y pidiéramos la asistencia de los ángeles. Pasaron varios meses, y después de 8 meses, cuando la nueva pareja de este familiar fue a una peluquería, la peluquera le comentó que conocía a la ex esposa y sabía dónde vivía. Iniciamos la búsqueda y, justo cuando se cumplía el año desde que comenzamos nuestra petición, este hombre y padre logró encontrar a su hija. Hoy en día, él mantiene una hermosa relación con su hija, y nosotros seguimos siendo amigos.

Me gustaría honrar a mi hijo, porque a pesar de todas las cosas difíciles que le ha tocado vivir, ha crecido en conciencia sobre la obra de Dios y de los ángeles. No hace mucho, lamentablemente, le robaron su moto con todas sus pertenencias. Sin embargo, gracias a Dios y a los ángeles, su vida, que es lo más preciado, no fue tocada. Mi hijo me dijo que, aunque perdió una gran cantidad de dinero con el robo, sintió que los ángeles que siempre envío para protegerlo no permitieron que le quitaran la vida.

Honro a mi hija, porque siempre que está pasando por situaciones personales o con sus hijos, me busca para que la guíe, junto con los ángeles. Siempre que lo hacemos, recibe respuestas positivas. Hoy en día, ella tiene su propia experiencia con los ángeles y ha aprendido a confiar en su guía.

Mi hijo mayor, aunque tiene otras creencias, hoy escucho de él decir que pone a Dios y a los ángeles en primer lugar.

Esto me llena el alma, ya que mis hijos honran a Dios y a los ángeles en su día a día.

También quiero honrar a mi amado esposo, porque sé que yo sola no lo hubiese podido conseguir. Él siempre me ha acompañado en mis "locuras" con los ángeles. Se ha encargado de una parte, y yo de otra, y sin duda, esa colaboración ha sido fundamental para el equilibrio de nuestra familia.

SOBRE LA AUTORA

Liliana Aguilar es una autora y mentora argentina, originaria de la Rioja, que ha dedicado más de 30 años de su vida a la conexión con los ángeles. En su libro "Mi caminar con los ángeles, mis ángeles, mi guía", Liliana comparte su experiencia personal y espiritual, donde los ángeles han sido sus fieles compañeros, brindándole ayuda tanto en situaciones complejas como en las más cotidianas.

A lo largo de su vida, Liliana ha experimentado cómo estos seres divinos han intervenido para guiarla, sanarla y protegerla, tanto en momentos de gran dificultad como en los aspectos sencillos de la vida diaria. Además, ha tenido el privilegio de asistir a cientos de personas en todo el mundo, ayudándolas a invocar a los ángeles y arcángeles para recibir su protección y guía.

Residente en Buenos Aires, Liliana Aguilar vive junto a su amado esposo, hijos y nietos. Su formación como maestra y su profundo conocimiento espiritual la han posicionado como una mentora y referente internacional en el ámbito de la espiritualidad angelical.

A través de su "Escuela Serafines", Liliana brinda herramientas y enseñanzas a miles de personas, ayudándolas a conectar con los ángeles y a experimentar una vida más plena, guiada por la sabiduría celestial. Su labor ha tocado la vida de muchas personas, convirtiéndola en una figura clave para quienes buscan una conexión más profunda con el reino angelical y desean transformar su vida a través de esta poderosa espiritualidad.

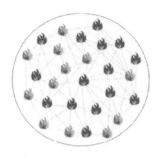

Editorial - EPAEV - Publishing

¿Quién tiene cosas importantes que contar de su vida y no sabe como hacerlo?

¡Nosotros podemos hacerlo realidad!

Nosotros nos especializamos en hacer realidad la posibilidad de expresar tus experiencias de vida y lo puedas compartir con muchas personas.

Contáctense con nosotros por WhatsApp al +34 624 291 831 Fede Valencic Kratnar

+34 617 227 518 Nora Idalid Rosero Rivas

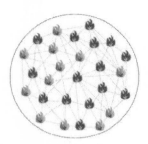

Editorial - EPAEV - Publishing

La mejor literatura cristiana internacional en el mercado.

- Para su inspiración
- Para su información
- Para satisfacer sus necesidades

He aquí sólo algunos de los grandes libros que hemos publicado...

¡TODOS!

PODEMOS PRACTICAR LA AUTORIDAD MATEO 10:1

COMO UN ESTILO DE VIDA

Y ACTIVAR A OTROS A HACER LO MISMO

¡NO HAY LÍMITES!

¡ADQUIÉRELO AHORA EN AMAZON!

ESTE ES EL LIBRO BEST SELLER INTERNACIONAL DE FEDE Y NORA EN AMAZON, TERCERA EDICIÓN. ELLOS TAMBIÉN SON LOS FUNDADORES DE LA ESCUELA PRACTICANDO LA AUTORIDAD Y ESTILO DE VIDA, INTERNACIONAL. EN SU LIBRO, REVELAN SECRETOS DE LA AUTORIDAD QUE JESÚS NOS HA DADO A TODOS, SIN EXCEPCIÓN Y MOSTRANDO A TRAVÉS DE SU ESTILO DE VIDA QUE TODA PERSONA ES CAPAZ DE USAR ESTA AUTORIDAD Y VER SANIDADES, MILAGROS, MARAVILLAS Y PRODIGIOS SOBRENATURALES. PRACTICANDO LA AUTORIDAD MATEO 10:1 NOS TRASLADA DE UNA VIDA ORDINARIA HACIA UN ESTILO DE VIDA NORMAL, PERO LLENO DEL PODER DE DIOS: HACIA EL MUNDO DE LA LIBERTAD, DE LA FE Y DE LA VERDADERA COMUNIÓN CON DIOS

Editorial - EFAEV -Publishing

DIOS HA DESPERTADO UNA GENERACIÓN

QUE ACEPTA LOS DESAFÍOS

EN UNA FE GENUINA

¡ADQUIÉRELO AHORA EN AMAZON!

NORA ES BEST SELLER INTERNACIONAL CON SU LIBRO PRACTICANDO LA AUTORIDAD MATEO 10:1 EN AMAZON Y EN ESTE LIBRO NORA ENSEÑA QUE PUEDES TENER UN ESTILO DE VIDA EN COMPLETA DEPENDENCIA DE DIOS, SÓLO AFIRMANDOTE EN LAS PROMESAS BÍBLICAS POR MEDIO DE LA ORACIÓN Y SIN HACERLE SABER TUS NECESIDADES A NADIE NI BUSCANDO TU PROPIA LIBERACIÓN. ELLA FUE INSPIRADA EN LOS MISMOS PRINCIPIOS BÍBLICOS QUE GEORGE MULLER DE BRISTOL, QUE DEMOSTRÓ CASI DOS SIGLOS ATRÁS DE MANERA REAL Y TANGIBLE SOSTENIENDO MÁS DE 10.000 HUÉRFANOS SÓLO POR MEDIO DE LA ORACIÓN. LA SAGA COMPLETA DE MIS AVENTURAS CON DIOS ENSEÑA SOBRE UN ESTILO DE VIDA EN COMPLETA DEPENDENCIA DE DIOS POR MEDIO DE LAS ORACIONES SENCILLAS, MANTENIENDO SU FAMILIA Y SU MINISTERIO, SIN HACERLE SABER SUS NECESIDADES A NADIE, SOLO ORANDO A DIOS Y APOYADA EN LAS ESCRITURAS.

Editorial - ERAEV -Publishing

Editorial - EPAEv · Publishing

VISITA NUESTRAS PÁGINAS

Instagram

Escuela Serafines

Facebook

Escuela Serafines

YouTube

Escuela Serafines

WhatsApp

Escuela Serafines

E-mail

escuelaserafines@gmail.com

Entra a mi "Escuela Serafines" en WhatsApp con el código QR y aprende con una gran comunidad online sobre todo el tema de ángeles y arcángeles y los talleres presenciales

Made in the USA
Columbia, SC
24 February 2025

54326990R00045